계절을 써내려간다

리토피아포에지 · 120
계절을 써내려간다

인쇄 2021. 8. 25 발행 2021. 8. 30
지은이 김을순 펴낸이 정기옥
펴낸곳 리토피아
출판등록 2006. 6. 15. 제2006-12호
주소 21315 인천광역시 부평구 평천로255번길 13, 부평테크노파크M2 903호
전화 032-883-5356 전송032-891-5356
홈페이지 www.litopia21.com 전자우편 litopia999@naver.com

ISBN-978-89-6412-149-8 03810

값 9,000원

* 이 시집은 2021년 인천형 예술인 지원사업에 선정되어 제작되었습니다.

김을순 시집

계절을 써내려간다

리토피아
LITERATURE & UTOPIA

시인의 말

계절을 써내려간다.

어디로 가야 하나,
잡을 수 없는 시간 속에
이룰 수 없는 갈증,
잡풀 밭을 지나간다.
때로는
몸에 맞지 않는 옷을 걸치고,
또는
발에 맞지 않는 신발을 끌고 다니며,
허무 개그를 할 때도 있다.
이 나이 먹도록
손에 쥔 것이 없다.

2021년 여름
김을순

차례

제2부

제3부

제4부

| 제1부 |

엉겅퀴 · 3

자갈밭에 날아온 하나의 씨앗 새싹으로 자라서
엉겅퀴 꽃술을 열고 있다

엉겅퀴꽃이 있는 곳에 나비가 나르고
메마른 둔덕에 무엇을 경계하는 것일까
이파리 바늘들 신경을 곤두세우고

제비나비
애벌레로 생명을 얻어 나비로 환생하고
너울너울 날고 있는 자태
번데기였다는 흔적이 없다

망설임 없이 이 꽃 저 꽃에 앉았다가
날아가고

바람이 휩쓸어대는 대지 위에
하늘은 비 한 보지락쯤 내려줄 아량도 없다

빈 들에서 새로 나온 잎들은 빈혈로 휘청인다

복사꽃 피고지고

초가집 뒤뜰 한 그루 오동나무
너울거리는 잎은
담 넘어 장독대를 지켜보고
어쩌다 장 뜨러 나오는
노인은 흰 수건을 눌러쓰고
하늘을 보려 하지 않는다
아들 며느리 대문 열고 나가더니
돌아오지 않았고
북으로 간 장손도 돌아올 줄 모르는데
장손이 심어놓고 떠난
복사꽃은 해마다 피고 지고
두 뺨에 연지 바른 홍도 복숭아는
주렁주렁 달린다
가을이면 뒷산에서 누런 알밤들이
떨어질 때마다
할머니 눈에서는 슬픔이 떨어진다
젖 먹던 손녀는 문학소녀가 되었다
손녀는 가마니 한 장 들고

뒷동산에 올라
나무 아래 등을 기대고
책 읽는 소리 도란거렸다
옆에서 듣고 있는 할머니 시선
서녘에 붉게 물들어 있는 풀잎들이 마음을 달래준다

환절기

입동이 찾아오는 계절이면
내 영혼은 갈피를 못 잡고 흔들린다

우주를 억만 년을 돌았을까
회오리에 안겨 지구에 돌아와서

아직도 허수아비 놀이에
벗어날 줄 모르고

어떤 사연으로
오늘도 엉겅퀴꽃에 앉았다 가나

이룰 수 없는 갈증에 날개를 접고 물가에 앉아
목을 축이고 지향 없이 가고 있다

잡을 수 없는 시간 속에 우두커니 서있던 영혼
기력이 소진되어 갈 곳을 잃었다

영혼이 빠져버린 빈 속은 채워지지 않아
고목은 퉁소만 불고

악령을 벗어버리지 못한 채
얼마나 더 윤회를 해야 되는 것인가

허수아비

잊혀질까 도망치듯 떠나면서
달려갔지만

수평선은 나를 반겨주지 않았다
발길 따라 가는 곳 빈자리에 그리움

아이야
부나방이 되어 사실에 얽히고 놓쳐버린
생각을 잡고 그렇게 우는 것이냐

아이야
펼쳐놓은 자락에 휘감겨 벗어나지 못하고
있는 너를 내버려 두고 왔다

아이야
훌쩍 떠나 왔지만
생각 하나가 네 곁에 있다
목구멍에 가시가 걸려 마른침을 넘긴다

〉

서쪽에 서있는 산그늘아
거기 멈추어다오
아이가 닿지 않는 곳에 있다

이 모든 것을 불사르고 잿더미 위에 집을 지을 것을

호랑나비

나는 날개를 달고 날고 있어요
자연을 보면서 산을 넘을 때는 나무에 앉아서
쉬어가죠
날다 숨이 차면 물가에 날개 접고 목을 축이고
날아요
나는 바람이 무서워요
묻지도 않고 나를 안고가다
아무 곳에나 버리고 가요
비 오는 날도 싫어요
비를 털어도
젖은 날개가 무거워서
날 수가 없어요
그럴 때는 나뭇잎 아래 날개를 접고 쉬어가죠
나는 햇님을 좋아해요
날고 또 날아도 시원하죠
더울 때는 나무 그늘에 앉아 쉬어가고
추울 때는 햇볕에 몸 녹이고 날죠
언제까지 그렇게 날고 싶어요

가을이 실링거리고

중추절 지나고 아직도 어스름한
새벽길
참새들은 벌써 일어나서
포록포록 날고 있다

잔잔한 파도가 일고 있는 하늘에
새벽달이 서쪽으로 가다
아파트 귀퉁이에 걸려있다

강변 기슭에서는
갈잎향 콧속으로 스치며
가을꽃들이 피고 있다

들풀 사이에 핀 달맞이꽃
달님과 밤새워 사랑을 나누고
꽃잎을 섭는나

뽕뽕뽕 날짐승 새벽하늘 날아가는 소리
귀에 걸고 집으로 돌아가야지

관곡지 연화

물왕 저수지 봄볕이 부서져 내리고
진흙 속에 꿈꾸던 요정들
파란 줄기 줄줄이 올라와서
우산을 펴든다

백련은 물동이를 우산 위에 쏟아 붓고
우산 속 분홍연화 웃음으로
다가선다

하나의 연잎은 양손 얼굴 감싸 안고
어찌할 줄 모르네
저벅저벅 다가오는 뜸부기 부끄러워
말아 쥔 손 펴지 못 하네

수로에 둘러 서있는 부들
이삭을 잉태하려고 잎들이 싱그럽다

왕관을 들고 서있는 가시연

흰 구름 길게 걸쳐 있는
옥색 하늘

고개를 치켜들고 발뒤꿈치를 들어본다

붓글씨

노후 되면 붓글씨를 써야겠다는 생각으로
잡기 시작한 붓
붓을 잡고 두 친구에게 반야심경을 써주기로 했다
270자의 경을 30분 걸려서 써내려갔다

빠진 글자가 없는지 확인하고
작품에 자신감을 얻었다

또 한 친구에게 쓰기로 했다
한 글자씩 빠진다
손가락으로 짚으면서 써 내려갔으나
269자에 익숙해지고 있다
그 친구에게 주지 않을 것이라고
마음을 속이고 써보았다
간신히 마지막 合掌호를 붙이고
가운데 마지막 글자를 써 넣으려는데
삐뚤어지는 佛

필방에서 두 장씩 사오던 화선지
뭉텅이로 사왔다
삼 개월을 두고 쓰는데 한자씩 빠져있거나
삐뚤어지는 佛

인내는 쓴 열매가 아니다
내 자신이 실망스럽지만 쌓인 폐지에 붓을 던져버렸다

꽃밭의 수다

봄이면 집 앞 꽃밭에
노란 꽃 골담초 버선코 내밀고 두 나래를 편다
새순 빨갛게 내미는 작약
실로폰 채 닮아 채 끝에서 향을 울리고
목단은 우아하게 피어
오가는 사람들에게 웃음을 던진다
나리꽃은 필 때부터 주근깨를 달고 있다
꽃들의 수다 바닥에서 아우성이다
보라색 매발톱 꽃이 피고
빨강 노랑 채송화 피고
제 철도 아닌데 과꽃도 그 옆에 있다
한 귀퉁이 모과나무 한 그루는
꽃 피고 열매 맺을 생각을 하지 않고
해마다 싱그럽게 잎 너울거리며
이층까지 올라와 창문을 두드린다
가을이면 허리를 뚝 잘라 놓아도
한여름 자라 창문 밖에서
방안을 들여다 본다

저 모과나무에게
내년에는 못난 자식들이라도
주렁주렁 달고 찾아오라고 부탁해 본다

나뭇잎 날고

찬바람이 혈관을 타고 지나가는
새벽길
노란 이팝 나뭇잎들이
후르르 날고
쥐똥나무 앙상한 나뭇가지에 비둘기들이
날개를 퍼덕이며
열매를 따 허기를 채우고
나무 아래서는 보라 꽃들이 피고
직박구리 꾸지뽕 따먹은
나무 아래서 붉은 매화가 피고
가로등 하나 강가에서 밤새워 강을 지키고
억새풀 숲에서
풀벌레들이 가을이 오는 것을 말해주고
여러 종류의 꽃들이 어우러져 피던
강변에
가을이 머뭇거리고

계수나무

구름 따라 찾아온 천둥
사자가 운다
시퍼렇게 휘두르는 번개에
벼락같이 쏟아지는 소나기
계수나무 위를 퍼붓고 지나간다

하늘 끝에 먹구름 한 조각
치맛자락 끌며 간다

축 늘어져 있던 개망초는 생기를 찾고
계수나무는 비를 흠뻑 머금고 눈물을 뚝뚝 흘린다

처서가 지났으니
황금옷으로 갈아입은 나무는
향수를 품어내고

하트를 입에 물고 방아 찧는 토끼
기다리는 세월이 끝이 없다

눈은 마음의 창이다

창밖은 비 오고 개인 하늘에
검은 구름이 떠있다
예전에는
비구름이 멈춰있는
장마철에도 하늘에 구름이
진회색이었다
지금은 소나기가 지나가도
검은 구름이 떠있다
그만큼 지구 오염을 알리고
있나보다
지구인들은
그래도 모르고 있다
어디를 가도 쓰레기 더미가
산재해 있다
그렇게 살아가다 스스로
자멸할 것이다
지구에 종말이 올지라도
한 그루의 사과나무를 심으리라

철학가 스피노자의
말이 있는데
지구의 현실적인
종말을 막을 수 없을까

뉴욕에 있는 친구를 그리다

음악과 여행하는 밤 창밖에 유성이 흐른다
잠을 청하다
생각의 끝을 잡고
해 뜨는 나라 뉴욕으로 갔다
늘씬한 키 동그란 눈
한국을 그리워하는 향수병에 취하는 여자
이 밤의 안부가 궁금하다
늦은 밤 어쩐 일이냐고 얼른 마스크 집어 쓴다
잘 있으니 돌아가겠노라
생각의 끝을 잡고
돌아오는 밤바람이 차갑다
친구 지난 가을만 해도
동춘동 스퀘어원
식탁 옆으로 나란히 앉아서
오가는 이야기들 도란거렸다
어느 때는 재미있다 없다
돌아오는 길
귀는 친구에게 두고

스퀘어원 화단에 남천들 가을을 즐긴다
고욤나무 찰칵 한 컷 터뜨리며
내 마음도 가을이 되어 있다

대만 여행기

밤에 도착한 가오슝 공항
연지담으로 발길을 돌리고 올려다보는 하늘은
북청색 파도가 일고 있다

여름날 고향 하늘에도 북청색 하늘에
파도의 거품이 일렁였다

타이중 문무 묘 일월담에서
내려다보는 호수는
멀리 하늘 끝에 푸른빛이 닿아있고

장개석 별장에 크게 자리 잡은 수령을 알 수 없는
고목들이 즐비하다
정원수들은 세월 따라가고
울퉁불퉁 나무는 독성이 있다
송미령이 좋아했다는 장미밭은
몇 포기 남지 않았다
동서양 꽃들이 섞여 살고 있다

〉

야외에는 피아노가 있다
건반을 두드리며 음악에 맞춰 노래하며
객들은 춤추고 쉼터에 앉아 쉬어가고

태로각 국립공원
물이 차 있었다는 대협곡 깊은 바다에
석회질이 쌓여 대리석이 된 것이라는 전설이 있다
하늘을 버티고 있는 터널
관광객들은 안전모를 쓰고 통과한다
발아래로는 비취색 물이 흐르고
자연의 섭리
아름다움을 보며 발길을 돌린다

대명항

대명항 바닷물은 물이다
모처럼 갈매기 날개 접고 갯벌에 앉아
다리를 편다
부리로 땅속을 파니
숨어있던 방게가 튀어나왔다
갈매기의 매서운 눈초리에
방게는 다른 구멍으로 숨어버렸다

직판장에서는
어부의 힘으로 육지까지 올라온
어종들이 자판에 널브러져 있다

까막까막 졸고 있던 바지락이
물총을 쏘며 짜증스럽다 생을 포기했다

돌아오는 길가에 벚꽃들
많은 송이를 달고 웃음 짓는 경자년 꽃들이
혼자서 피고 있다

〉

길가 주인 없는 집 한 채는
양철 지붕이 삭아 내리고 있다

도둑새

이른 아침 청라 샛강 푸른 갈대가
두런거린다
악사들의 흥겨운 음악이 들리는 듯
갈대들은 강변을 휘감고 있다
수초에 매달려 놀던 치어들
수초밥을 먹고 자랐다
꼬리 흔들며 점프하고 공기를 마시고
하얀 배를 번득이며 잠수하고
아침을 열고 있는데
호수에 갈대들이 자맥질한다
가마우지 한 마리
날렵한 몸동작으로
물 속 어린것들을 집어 삼킨다
소리도 못 지르고 흔적도 없다
물속으로 시선을 집중했지만
저 앞에서 검은 새는 솟구쳐 올랐다
물을 차고 날아간다
소용돌이 속에 호수는 뿌옇게 울고 있다

돼시감사

정족산 아래 산장에도 봄이 찾아오고
두더지 밭 가는
그 곳에서 지인은 전원생활을 하고 있다

한여름 뜨락 박수치는 소리에
돌아보았더니
조그만 노란 꽃들이 웃고 있다

돼지감자가 알을 품었다며 몇 개 내주자
지인은 얼른 담아 싣고 왔다

덥석 받아 껍질 벗겨 깨물었다
아삭하는 정겨운 소리 단맛이다

내 고향 생강나무 아래서 개이 먹던 감지
삶아서 옷 벗겨 놓았더니
울퉁불퉁 뚱딴지도
하얀 몸 요염하게 누워있다

두견새

뻐꾸기는 얼마나 조급했으면
남의 둥지에 알을 낳고
날아갔을까

야밤에 저렇게 우는 것은
남의 둥지에 두고 온 자식들
밤새 내리는 비에 젖을까
걱정일까

어미는 비에 흠뻑 젖어도 아랑곳하지 않고
잠긴 목소리 흐느낀다

남의 둥지에 버림받은 새끼들은
둥지에 있던 딱새알을 모두 밀어내고
둥지를 독차지하고

딱새는 제 새끼들 모두 잃어버렸는데
먹이를 물고 와 고개를 갸우뚱하다 새끼들 입에 넣어주고

날아간다

좁은 둥지에서 뻐꾸기 새끼들은 날개를 들고
밖으로 밀어낼 놈을 노리고 있다

딱새는 먹이를 찾아 날고 있다

담쟁이

벽을 타고 올라가는 담쟁이 넝쿨
담벼락 너머 누가 있기에

바람처럼 왔다가는
인연들을 못 잊어 그리워하는 걸까

거센 바람이 불어오면 담벼락에 납작 붙어서
신화처럼 숨 쉬고 있네

바람이 지나가면 또 오르고
한해 여름이 다 가도록 기어오르고 있네

빨갛게 부풀어 터진 손바닥이
가을에 푸른 하늘을 날고
담쟁이는 씨앗 남기는 것을 잊지 않았다
담벼락에는 앙상한 갈비뼈만 남아서
보라빛 씨앗을 매달고 있다

뜸부기

여름저녁 뜸북 뜸북새 우네
저녁밥 짓는데
뜸북뜸북 논에서 우네
누구를 기다리다 목이 길어졌나
바짓가랑이 무릎 위로 걷어붙이고
저벅저벅 돌아다니며
뜸뜸뜸 뜸북새 우네
옷차림 화려하게
푸른 검정색으로 갈아입고
물에서 사는 수탉 닮은 벼슬이 발갛게 부풀었네
볏논에서 첨벙첨벙
뜸뜸뜸 뜸북뜸북
애타게 암컷을 부르네

| 제2부 |

라일락이 피던 동네

이 봄에도 라일락꽃은 피고 있다
수수꽃 타래 향기를 안고 찾아와서
우리 동네는 향기나라
할머니가 심어놓은 꽃들이 줄지어 피고
어쩌다 다섯 장으로 핀 라일락 꽃잎을 찾으면
얼른 따 삼켜야 젊은 날 첫사랑을 만난다는 꽃말에
홀랑 삼켜버린다
이승에 남아있다면 못 이룰 것이 무엇이 있으랴
꿈을 꾸고 있는 잠꼬대에
라일락향이 콧등을 치며 이렇게 지나가는 거라고
말해준다

학산 소극장 옆에도 봄이 찾아왔겠지
교회 마당 귀퉁이
개복숭아 꽃이 피고 열매도 열고
여름이면 누렇게 성숙해 지고
지나가는 사람들 사랑 받던 복숭아들
올해도 꽃이 피고지고 올망졸망 달리겠지

마음이 고향에 가다

내 고향 가는 길섶에
와스스 억새 삼베 치맛자락 끄는
소리 들으며 달려가는 마음

저 건너 문수산 겨울나무들 보라색이었다
V자 편대를 이루고 능선을 넘어가는 겨울새

밤이면
달빛이 부서져 내리는 하얀 밤에
담장 밖으로 뽀드득거리는 발자국 소리
귀 열고 따라가다
멍멍개 짖는 소리에 돌아선다

뒷산에 날아와 앉아서 우는 부엉새
울음소리 구슬프게 들려오던
이불 덮어쓰고 있어도
숨소리 경련을 일으키는 밤

〉

사랑채 문 사이로 사각거리며 새끼줄 꼬는
기척에 위안을 받았다

동쪽에서 아침해 떠오르면
겨울산 나뭇가지 사이로
하얗게 쌓인 눈밭에 무지개가 피었다

손잡고 가네

남산 푸른 산기슭에 동쪽을 바라보며 자리한 장례식장
망자들은 이곳에서 쉬어간다

뇌 한구석 툭 터지는 소리에 핑계 삼아 여인이 쓰러졌다
이렇게 저승길 가던 아내가 남편을 기다린다

볏단 지게 지고 남정네들과 논두렁 밟고 뛰던
여인 이렇게 쉽게 가시리오

저승길 혼자 못가요
남편을 부르고

홀로남아 집을 지키던 남편은 환청에 벌떡 일어나다
쓰러지고
아내는 어디쯤 가고 있을까
백년도 못 살고 가는구나

검정바지 색동저고리 입고 팽이를 치던

아저씨는 친구처럼 자라던 조카가
이별할 시간없이 떠났다
불러도 대답없는 조카님아
영혼이라도 만날까
찾아와서 우두커니 앉아있다

무표정한 얼굴의 노인
눌러쓴 모자 아래서 두 눈만 껌벅거린다

만추

언덕배기에 늙은 참나무가 하나 서있다
나무 아래 가을걷이 콩밭에는 마른 잎들이 어수선하다
콩 뽑던 노인은 흙 속에 묻혀있는
신문지 조각을 집어 들고
손바닥으로 흙을 싹싹 털어
지워지려는 글씨들을 읽고 있는데
노인의 하얀 머리 위로 바람이 지나가다
이마 위를 쓸어 올려주고 간다
참나무 가지 사이로 빠져 나가는 바람
먼 기억에 젖어있는 노인에게
현실을 알리듯
상수리들이 바닥을 치며 떨어져 구른다
발로 낙엽을 차며 놀던 아이는
상수리 떨어지는 소리를 들었다
얼른 상수리를 주워
할머니의 조끼 주머니에 넣어둔다
노인은 그때서야 아이를 바라보고
빙긋이 웃어주며 콩 가지를 휘어잡는다

메리 크리스마스

성탄절 이브 흰 눈이 쌓이지 않았어도
아파트마다 불빛이 하얗다

사람들 기도하는 마음에 산타는 와있다
온 가족이 모여서 올리는 기도를
천사들이 바구니에 담아서 천상으로 간다

거리에 차들도 집으로 돌아갔다
성탄절 맞이할 준비를 하고

길가 가로등만 제 의무를 하고 있다

불 켜진 창밖에는 침묵이 흐른다

식탁에 앉아 차 한 잔 앞에 놓고
망각의 여행을 하다
크리스마스트리를 향해
자 축배를 들자 찻잔을 높이 들어본다
메리 크리스마스

목련나무

우수雨水가 지났으니 봄이 찾아오고
예술회관 옆 작은 공원
햇볕을 받아
파란 잔디 싹트고
목련나무
겨울 보내느라 홀쭉해졌다
가지에 매달린 겨울나기 새순들은 솜털옷을 입고
봄,
어디쯤 오고 있을까
풀밭에 초연히 서서
목을 쭈욱 빼고 서있는 후리후리한 키
봄이 오면 소식을 먼저 알려주고
어느새 싱그러운 초록잎으로
갈아입고 서 있을 때
지나가던 흰구름 한 조각 걸쳐본다
너를 바라보는 설레는 마음 사랑하는 마음
예술회관 지날 때

무화과

딱딱한 나무 뻣뻣한 이파리는
꽃도 보여주지 않고 열매를 여덟 개씩 달고 자라서
사람들에게 무화과 맛을 자랑한다
살던 둥지 떠나면서
분양해 놓은 나무
친정집 현관 밖 마당에서
터를 잡고 싱그럽게 자라고
열매가 주렁주렁 달려있네
주인의 사랑을 많이 받고 있는 무화과
삶의 번식력에 감사하다

그 옆 동백은 낯선 곳에서 생을 포기하고
새순으로 환생하여
뿌리에 의지해 작은 꽃나무로 서있구나
어서 자라 동백의 아름다움을 뽐내보렴

바람이 전하는 말

모든 남녀가 만남으로 사랑은 아니다
만남에서 왠지 돌아보게 되는
먼 기억 속에 스쳐갔을까
아련하게 다가오지만 잡을 수 없어
비껴가는 아쉬움이 있다
다가오지 않고
돌아서지 않는
가슴깊이 스며드는 날에
사랑을 하면서 속세에서 만날 수 없는
억만년 전의 인연으로
백지 한 장 차이를 뛰어넘지 못하고 표류된 채
사실에 뛰어나와 날아다니고
거짓에 뛰어나와 날아다니고
아름다운 거짓말에 점 하나 되어
바람을 차며 허공에 아픔을 뿌리며 날고 있다
먹구름 덮여 달도 없는 밤하늘을 날고 있다

박꽃 피는 밤

보름달 둥실 떠 있는 초저녁 밤
초가지붕 위에서는
박들이 잉태를 한다
목을 쭈욱 내밀고 호흡하는 하얀 꽃
떡풍뎅이 날갯짓에 박꽃은 고개를 젓는다

나를 지켜주세요
사랑이 여물지 않았어도
따사로운 빛이 있다면 찾아오겠지

떡풍뎅이 파륵 파르륵 날아가는 바람에
텃밭 이랑 사이 옥수숫대 꽃술에 매달린
풍뎅이들 뒤엉킨다

마당에 멍석 펴고 모여든
소녀 머슴아들
까륵까륵 숨넘어가는 밤
별똥별 긴 꼬리로 한 획을 긋는다

백두산

저 멀리서 알지 못할 일들이 기다린다
누런 괴물 하나 연두색 길을
지향 없이 열며 간다

능수버들 가지 치렁치렁 길가를 쓸고
돌배나무 하얀 꽃이 피어 있다

투명한 유리관 속에 몸을 싣고
구부러진 길 곡예를 하듯 달려가는데
발 토시 둘둘 감은 사람
창밖 풍경을 카메라에 담는 사람
빨간 옷 걸친 예수 빙긋이 웃는다

대지의 품에 터 잡은 자작나무들
설경 속에서
하얀 껍질 옷으로 조각구름 일으키고 있다

둥실둥실 백두산 가는 구름 한 조각

이정표 되고
관광객 백두산에 내려놓고 천지를 건너가며
흩어진다

기품이 보이는 산
여정의 발걸음이 멈춘 산
어젯밤 내린
눈 속에 웅크리고 앉아있는 호랑이들

이불 하얗게 덮고 설경에 잠자고 있는 천지여 깨어나라
훈풍에 춤사위를 보여라
설경설경 얽혀있는 줄을 거머잡고 거친 숨을 뱉는다

보문사

파도를 가르며 보문사로 가던 뱃전을
날고 있던 갈매기들
여행객이 던져주는 새우깡 맛에
군무하는 낭만을
잊어 버렸던 그날들의
갈매기는 보이지 않았다

다리가 놓여있어 쉽게 건너갈 수 있다
오후에 찾은 보문사
산은 온 천지가 연두색이다
바람이 지나가는데 청솔가지 끝에서
송홧가루가 날리고

낙가산 저 높은 곳에 눈썹바위
마애불상
아래로 내려다보이는 천연동굴 석실
어망에 건져 올려진
작은 부처님들이 나란히 앉아있다

〉

푯말의 지역설화를 읽어보면서
눈썹 바위를 올려다보던
시선 끝에 보이는 하늘에는
양떼구름이 차곡차곡 쌓여 있다

봄빛, 꽃빛

아스라이 보이는 심산유곡
시선은 저 나무 끝으로 날아간다
정족산 젖가슴 무덤에서 맑은 샘 흐르고
흘러 흘러서 자연 속으로 풀어내린다
산수유나무에 앉아서 먹이를 찾는
직박구리
아직은 빛바랜 풀숲에서
진달래가 빼꼼히 내다보며 웃는다
두더지가 밭을 갈면 땅은 불끈불끈 솟는다
개구리가 뛰어나와 기지개를 켜고
겨울을 턴다
누런 잎 한 조각 덮고 추위를 보낸 봄동
파릇이 나와서 자리 펴고
냉이들은
바닥에 납작 엎드려서
겨울을 보냈다
벚꽃 나무 사이로 보이는 황새 한 마리
다리 하나 들고
나무서기를 하고 있는 저 들판에 봄이 오고 있다

밤에도 시간은 간다

동지 지나고 중순이 넘었다
동지절 지나면
해가 노루꼬리 만큼 길어진다
새벽 여섯시가 넘어가는데 아직은 칠흑이다

밤늦도록 거리에서 북적대던
젊은이들 아직은 잠 속에서
깨어나지 못하고 있다

새벽 창밖으로
아스라이 보이는 영종대교
밤하늘 길을 밝히며 가는 여객기 불빛이 여운을 남기고

밤에도 서있는 한 그루의 나무는
잎들에 단풍 물들이고
먼 여행을 떠나는 줄 알았다
아비 발을 덮고 옹기종기 잠들고
촉촉이 내리는 비에 알몸을 적셔도
나무는 추운 줄 모르고 있다

봄의 전령사

찬바람에 겨울을 보낸 강변
갈대들은 삭은 옷 벗어버리지 못한 채
파란 싹들이 뾰족이 나오고 있다

구름이 내려와 갈대밭에 띠를 두르고
그대의 걸음으로
봄의 속삭임이 들려온다

나뭇가지에 앉은 작은 한 마리 새
둥지에 들어갈 짝을 부르는
가냘픈 소리

잔잔한 호수에
고풍스런 누각이 거꾸로 서있다

청라 신도시가 강물에 거꾸로 서있다
생명이 살아 숨 쉬는 도시

빗소리의 전주곡

칠석날
까마귀 까치들은 꼭두새벽에
은하수에 어깨동무 하면서
오작교를 만들어 놓았네
견우와 직녀 만나서
눈물을 떨구고
안타까워 흘리는 눈물은
빗줄기 되어 흐른다네
어이해 만남이 일 년에 한 번일까
까닭을 모르는 까치들은
지상으로 내려오다
두 마리의 새 부부가 되었다네
메타세쿼이아 높은 가지에 앉아
나뭇가지에 둥지를 틀고
마주 바라보며 헤어지지 말자고
다짐을 한다네

산수유

승학산을 찾았다
아직 산은 봄이 느껴지지 않고
나무들 잎이 나오지 않은 채 앙상한 가지들이다
지난여름 꽃을 피워 빨간 열매를
달고 있는 산수유나무
철새들 먹이로 달려 있다
새들이 폴짝폴짝 날아들어
열매를 따먹고 날아도
묵묵히 간식을 주는 나무
짧은 햇볕을 받고 서 있다

옆 나무에 옮겨 앉은 새들이 휴식에 들고
계절이 보이지 않는다고 잠꼬대를 하는 건지
오전 중에 있었던 이야기를 하는 건지
재잘거리는 소리가 나지막하다

새들은 날아가고
봄도 여름도 아닌 희뿌연 산

파란 잎이라도 돋았으면 하고 기다리는 마음이다

살바람 불어오면
꽃이 핀다는 것은 알고 있을 것이다

서구에 부는 바람

서구에 갈바람이 불어오면
그대들은 어떤 일로 서성거리고 있나요

봄부터 시 씨앗을 심어놓고

백로 황새 날아드는 심곡천深谷川
금개구리 맹꽁이 울음소리
폭염에
땀방울 흐르는 줄 몰랐다

푸른 들에서 이삭들이 고개 내밀고
보랏빛 구절초가 짙은 향수를 뿌릴 때

만추 그 계절 찾아오면
떡 해놓고 돼지 잡아
햅쌀밥 지어
기웃거리는 문인들은 모두 모여서
함께 가을을 나누어 먹어요

〉

찬바람이 버석거리며 지나가는

강변에

갈대숲 부들이 참새 되어 날아간다

소래습지

코로나가 세계를 뒤덮었다
바다를 건너, 육지를 거슬러 올라와
나의 손끝, 발끝을 묶어 놓았다

너와 나의 입을 막고
너와 나의 눈을 피하는 사람들

은둔의 삶을 받아들이고
집안에 스스로 갇혔다

숨통마저 뻣뻣해져오는 순간
소래습지 갯벌에 나가 한숨을 토해본다
시선은 멈출 줄 모르고 마냥 멀어진다

펄에는 나문제가 없다
소금밭에는 소금이 없다
가는 곳마다 흔적을 남기는 바이러스도 없다

〉

왜바람이 광풍으로 펄을 돌아다녀도
새싹들은 파릇이 나와서 반기고 있다

갯고랑에 걸려 빠져나가지 못한
물줄기가 웅덩이에 모여 있다

방게들이 놀러 내려와서 놀고 있다
악동들이 게를 잡으려고 뛰자
방게는 찢어진 눈을 세우고 째려보다가
구멍에 몸을 감추고 숨바꼭질 한다
펄은 살아 움직인다

소요산

요석공주 사랑이 서리서리 깃들어 있는
소요산

산하가 단풍으로 가을옷 갈아입고
나뭇잎들은 떠날 준비를 했다
실개천이 되어 흐르는 물
가을 햇빛에 베어든다

오색 단풍들 개여울에 몸 실고 가면서
벌레들이 갉아먹어서 찢기고
구멍 난 이파리도 실었다
물이 흐르다 숨이 차오르면
뚫어진 나뭇잎 사이로 숨을 내쉬고
바위에 부딪치면 더러는 짐을 내려놓고 간다

어디쯤 흘러가고 있을까
다만 살얼음 속에 흘러가고 있겠지

〉

녹음이 우거진 명년 여름에는
폭포가 되어 계곡을 쩌렁쩌렁 울리며
돌아오겠지

소요산아 봄이면 다시 오겠노라

칸나

칠월의 태양 아래서도
무성한 잎으로 어우러진다

성화봉 하늘을 향해
높이 들었다
뛰어~
바람이 불씨를 일으킨다
횃불이 이글거린다

훌쩍 큰 키에 허공을 향해
더위도 모르고
싱그러움 더하다

붉은 입술 어울리며 너울거린다

칸나 너의 기품이 아름답다

종말을 맞아도 행복하게
지난 추억을 안고서

| 제3부 |

신진말 고택

한강 하류 서해로 흐르는 운하
정착지 앞에서 신진말은 고택으로 이름을 달고
부활하고 있다
폐가로 살아지려는 주택들

코스모스 꽃들이 쉬지 않고 웃음으로
주위 시선을 잡았다

해넘이 쉼터 해송숲 산책로
아라빛 섬이 태어났다

자전거 시작점 7번길 원적로
단숨에 내달리는 신진말

빗길에 투어를 시작한 서구 문인들
신진말 고택을 들여다본다

멀리 보이는 영종대교
오가는 차량들이 줄을 잇는다

실종된 기억

촉촉이 내리는 이슬비 속 한 통의 전화
추억을 잡고 달려갔어요
두뇌의 기억
상실 속에서 벗어나지 못한 채
나를 찾아내고
그대는 먼저 나와서 기다리고 있었죠
많은 세월을 보낸 것처럼
모습이 변해 있었습니다
늘씬한 키 단발머리 까만 눈동자
옥수수알처럼 박힌
치아를 들어내고 웃던 모습
어디에 두고 오셨습니까
입에서 올바른 단어가 나오지 않았어요
일찍 떠난 남편이 두고 간
세 아이들 키울 때
밥집 무거운 함지박을 머리에 이고
미소 짓던 얼굴
운명은 그대에게 안식처를 쉽게

허락하지 않았네요

그대의 아픔을 가슴에 안고

돌아서려는데

따라나서는 그대 바라보지 못했습니다

이슬비 내리는 길

돌아오는 나의 눈에서 가랑비가 내렸습니다

아침을 연다

지난겨울 찬바람에
악사들의 바람막이로 빛바랜 옷을
입고 있던 갈대들이
무참하게 베어지고
마구잡이 가위질 해놓은 머슴아들 헤어
처삼촌이 벌초를 해 놓았다

봄이 오면
쑥대밭에서
파란 옷으로 갈아입은 수수갈대
이삭이 핀다
푸르름이 더해진다
강물이 바람에 슬렁거리며 흐르고
한가롭게 지나가는 배 위의 아이와 아비
노 젓는 소리 삐걱거린다

호수공원을 돌아
오는 사람들을 만난다

자전거 타고 오는 사람들
막대 하나를 허리에 걸치고
두 팔을 균형 잡으며 오는 사람
어깨 너머 머리를 찰랑거리는 아가씨는
자박자박 발걸음 소리 여운을 남기며
다들 돌아오고 있다

압록강

단동 압록강 물은 넘실넘실 흐르고
따라서 함께 가는 사람들
철교 위를 걸어서 간다
우리민족이 살고 있다는 저 건너편으로
마음이 치닫고 있다
철교는 막혀있다
지척에 두고 가지 못하는
인적 없는 메마른 산하를 바라보며
손 흔들어 본다
메마른 땅 흐르는 침묵 속에 발길을 돌리고
함께 가던 물은 저만치 흘러가 보이지 않고
뒤이어 굽이굽이 청룡이 용트림을 한다
저편 단교는 아예 끊어져 있다
뚝 밑 실개천은 조용히 흐르고
잎 떨어진 작은 나뭇가지들
봄을 기다리는 마음일까
잔디숲에 의지하고
와이셔츠 단추 같은 하얀 꽃들이 피고 있다

〉

압록강 중류 유역 고구려땅으로
발길을 돌리고
한때 넓은 땅을 호령하던 광개토대왕
세월을 못 이긴 채 고려국에 잠들고
광개토대왕릉 비문만 남아있다
묘 주위에 세워놓은 십이지간 동물상을 돌아보고
여행자들은 그 자리를 떠났다

아직도 자리를 못 찾고

쭈그러든 기억 속에
사과 한 개가 마르고 있다
또 다른 인연이 찾아와도 알지 못한 채
지난 세월에 매달려
돌아가지도 다가가지도 않고 서있다
비탈길에서 일어서려면 앞을 가로막는 운명
껌딱지로 붙어
내 인생을 얽어다 제 인생에 매달기도 한다
이 세상에 혼자 왔으니
혼자 갈 수 있게
내버려 두시게
한 방울 단물에 정신 팔지 말고
갈고 닦은 한 알의 보석으로
빛을 발할 때까지
내버려 두시게

강변에 피는 설화

아침 고요가 서려있는 강변에
잿빛 구름이 하늘을 덮고
함박눈이 쏟아지기 시작한다
앞이 보이지 않았다
대지는 흰 눈밭으로 변해있고
강변에 나무들 눈 뒤집어쓰고 서있는데
천사가 함박눈을 채에 담아 흔들고 있다
싸락눈이 내린다
함박눈 지나간 자리
하루 종일 눈도 아닌 것이 내리고 있다
한마디 단어가 여러 가지 표현을 하는 것처럼
싸락눈이라고 한다
아주머니 한 사람이 하얀 길을
자전거 페달을 밟으며 천천히 가고 있다

여수 향일암向日庵

거북이가 많이 살고 있다는
향일암 백팔계단 오르고 일주문에 들어서도
거북은 보이지 않는다
불어문 통과하고 해탈문 거쳐
숨이 차오르는 것을 진정시키며 서있는 곳에서
원통보전 부처님이 빙긋 웃는다
부처님 신발 벗을 기력이 소진되어
절 마당에 서서 이렇게 인사 올립니다
비 맞은 스님 중얼거리듯
말하고 돌아섰다
동백나무 그늘 아래 내려앉아서
샘물을 받아 목을 적시고
목에 걸친 손수건을 풀어서
고인 땀을 비틀어 짜내고 털어본다
먼 옛날 탁발을 해왔을까
어떤 소원이 있어
금잎에 새긴 마음을
동백나무에 달아주고

금잎을 달고 서있는 나무들
바닷바람을 맞으며 세월을 보내고
관세음보살에게 고하고 있을 것이다
거북바위를 새기던 석수는 어디 갔을까
여러 거북들이 바다를 바라보고 있다
흙 속에 박힌 채 몸이 비대한 거북이
바다를 그리워하고 있다

여행 중에서

여행의 꿈
기억을 찾아 달려간다
숙소에 짐 풀고 현실에 쌓였던
긴 호흡을 내쉰다
매듭을 풀어본다
침실 옆으로 온돌방 차실에서 딸과 차를 나누고 있다
어둠이 깔린 잔디밭 끝에
대문이 삐걱거린다
마지막 길손이 대문에
빗장을 지르지 않았나보다
새벽잠에서 깨어
창문을 열고 내다보니
비는 새벽까지 내리고 있다
현지를 동영상에 담아가려는 생각으로
폰을 들었다
머리를 열어 시구를 풀며
기둥 사이사이를 옮겨 건너며
풍경을 담아가다

누마루 턱에 걸려 넘어졌다

구급차를 타고 인천 병원으로 향했다
앵앵 소리가 고막을 자극한다
소리 끄시오
천천히 운행하시오
눈 감아버렸다
병원에 도착해 X-ray에 MRI에 이리저리 구르다
열흘간의 입원을 진단받았다
병상에서 고행을 해야 하는
처지에 입술을 깨문다

오가며 보이는 집

강변으로 가는 길 옆 햄버거 가게
박스를 오가며 세어본다
여든한 박스가 배달되어 있다

낮부터 모여드는 사람들은
어제 저녁을 굶은 사람들일까
한 손에 음료수 들고
또 한 손에 빵을 움켜쥐고
먹기 위해 사는 사람들이 있다
사람들 겹겹이 모여서 웅성거리고
두 대의 오토바이 배달은 바퀴가 번뜩인다

빵 박스를 세며 발길은 강변을 걷고 있다
강변의 새벽엔 하나둘 씩 깨어나는
소리가 있다
숲에서 여치들이 베틀을 짜고
철 잃은 매미가 울고 있다

올빼미의 일생

나는 올빼미로 태어나서 큰 날개를 달고
날고 있어요
날이 밝으면
날개를 접고 나무 위에 앉아서
어둡기만 기다리죠
밤이 되면 숲속을 날아다니며
먹이를 찾아요
날다가 날개를 나무 위에 부딪치고
다칠 때도 있어요
사냥을 못하면 그 날은 굶기도 하죠
오늘은 눈이 피곤해요
날개도 피곤해요
한잠 푹 자야겠어요

자연의 친구들

초롱이 다소곳이 피는 산자락

수로에서 수달들이 놀고 있다
물속에서도
붕어들이 참우렁이들
살고 있는데

수련꽃 접시 늘어놓고

청둥오리 오후를 즐기는 못가는 한가롭다

숲에서 작은 얼굴들
땅꽃에 나나니 벌들이
아우성이다

길가에서 양지꽃들이
군락으로 자리하고
나비들이 날아와 앉으라 한다

〉

댕기머리하고 찾아온 두루미
초연히 서서 타이스의 명상곡
듣고 싶다

노란 붓꽃들이 모여서
부채질 하고 있는 야외의 정원

용서해라 풀린다

지난 기억에 매달려 헛된 세월을
보낼 필요는 없다고 본다
홀로 가는 길
맺힌 것을 풀며 가야 한다
도꼬마리 열매처럼 쏘아대는 습관적 행동에
상처를 거머쥐고 놓아주지 않으면
불행의 씨앗이 싹이 튼다
시냇물도 흐르다 가로막으면
돌 틈새를 비껴 흐른다
나를 조용히 느껴본다
버리지 못하는 것이 무엇인가
몸에 흐르는 냉혈적
요소가 어디까지인가
자신을 펼쳐 내보이지 않는다면
옹벽에 갇혀 자멸할 수도 있다

해당화

파도 철썩이는 바닷가
백사장 모래 위에 피는
해당화
짠바람이 불어도
푸른 잎 사이에서 피는 꽃
매괴화玫瑰花
대롱대롱
푸른 구슬 붉은 구슬 꿰어
나뭇잎에 걸어놓고
파도는 해당화에
발 무덤을 덮쳐 흐른다
먼 기억 속
산골짜기에 피어
소동파 시어
지언 속 부귀의 모습으로
사랑을 받았던
해당화
그 시간을 찾아간다

이산가족

크지도 않은 작은 땅
주변 국가들이 남북으로 갈라놓았다
만나지 못하는 부모형제들

기다림 속에 유명을 달리 못한다
원정각에서 기다리는 마음
청년이 아닌 노신사가 들어왔다
가슴에 단 명찰
이름만 익숙하다

손을 잡고 서있는 사람들
오빠에게 앉으라고 권유했다
둘째 날은 금강산 호텔에서 만났다
선물 교환도 하고

점심식사 자리에서 서로 절도 하고
반달 노래 부르던 사람들
응어리를 풀기 위해서인가

갑자기 어깨를 잡고 통일기차를 하자고
서로를 일으키며 뛰기 시작했다
한 바퀴 돌아 들어온 언니가
눈물이 핑 돌아 있다
삼일호 소풍가는 사람들
간식 봉투를 하나씩 들었다
우리는 삼일호 주변에 모여 앉아
나누어 먹었다

첫사랑

소금창고 있어 염창동이라 이름을
달고 살았다
개발이 되기 시작되고
저녁이면 달맞이꽃이 피던 동산이 무너진다
산은 반허리 잘려나갔다
아파트단지 들어서며
인간꽃들이 피고
남은 산자락에서는 달맞이꽃이 피고 있다

썰물에 떠나간 그대는 어디에서
무엇을 하고 있을까요
그대는 미루나무 사이 바람과 함께
한강을 건너갔지요
떠나보낸 마음 아쉬움에
흐르던 눈물이 샛강이 되었어요
그대는 내 말을 듣고 있나요
미루나무 되어 여기에 있나요
나무가 되어 우두커니 서있습니다

인내의 나무

부동자세로 반듯하게 누워있어
아무것도 보이지 않는다
물건 하나를 손닿는 곳에
놓았는데 잡히지 않는다
찾기 위해
손을 들어 주위를 더듬어 본다
어디로 갔을까
뒤척이는 몸동작에
배 위에 올려놓은 물건마저
떨어졌다
맥없이 천장으로 시선을 돌리니
불 켜진 등이 환하게 웃는다
에어컨은 바람을 보내고 있다
쉬지 말자
나무 한 그루 심어본다
인내의 열매를 기다린다
나무에 열매가 달리고 있다

인정할 수 없는 사실

전라도와 경상도를 넘나들며 여행길에
지친 영혼들 금성관에 쉬어간다
신발 벗고 대청마루에 쓰러지듯 누워
다투어 달려오는 전라도 바람들에게
신세를 지고
함양으로 발길을 돌려 올라가는
지리산 중턱
인산동천 김일훈 선생이 지은
나그네 휴식처 황토방 다섯 채가 있다
하룻밤 쉬어가려고 짐을 풀었다
룸메이트와 이어폰 나누어 귀에 끼고 이야기 도란거렸다
창밖에서 돌을 툭툭 던진다
굵은 모래도 뿌리는 소리
누구야
몸을 일으켜 앉았다
모습을 보여라
잡아서 불에 태워버릴 것이니
장난스런 말을 했는데 도깨비가 왔다

와지직 천장이 무너지고 있다
겁먹은 나그네는 풀어놓았던
짐들을 주섬주섬 챙겨들고
비상 플래시를 밖으로 돌렸다
조용하다
옆방 문을 두드렸다 뛰어들어 갔다
도대체 무엇이 왔다 간 것인가
새벽에 마당으로 나와서
용마루 위를 살펴보았지만
까만 기왓장 이고 있는 황토방
까마귀만 나래 펴고 앉아있는 형상
도깨비는 첫닭이 울기 전에 가버린 것인가
나무로 지은 석가래 몸부림 친 것인가

봉숭아

고향집 장독대 옆에 피는
봉숭아

늘어진 잎 사이로
작은 얼굴들 내다보고 있다

여름밤 저녁이면
봉숭아 꽃잎을 따
콩콩 찧어서

마당에 모여앉아
피마자 잎 따다가
열손가락 꼭꼭 싸매놓고

손가락 없는 아이들

모깃불에 구운 감자
엄마가 먹여주면

입으로 받아먹고 숯검댕이
묻은 얼굴들
웃음 가득하다

내일이면 봉숭아
물든 손톱 자랑이 부풀어 있다

찔레야 달래야

찔레 둥지 밑에 겨울잠 자면
달래는 파란색으로
봄 되어 머리 풀어

찔레는 우뚝 올라와서 잎을 펴는 따뜻한 봄이 왔네

작은 꽃잎들 둥지에
리본 달고 있어
잎들은 초가지붕 이엉 얹었네

볏논에 봄물결 주름지는
논두렁에서 속삭인다

애기똥풀꽃 노란 얼굴
개망초들 무리지어 하얀 정원

노랑나비 이 꽃 저 꽃으로
옮겨가기 바쁘다

도리지

육십 년은 살았을 것이다
해마다 그 자리에서 피는
도라지꽃입니다

따악 벌린 입속으로 목구멍
보이네
혀가 낼름 보이네

무슨 일이야
저렇게 활짝 웃고 있을까

무엇을 먹고 살고 있나

고추장을 먹었을까
된장을 먹었을까

너럭바위 장독대 있어
보여주지 않는다

| 제4부 |

하수오의 운명

갈대 둔덕 하수오는 자식을 둘씩 달고
마른 갈대에 몸을 배배 꼬며 매달려 있지만
겨울을 버티기는 어려울 듯하다

애지중지 키웠으면
갈 곳을 찾아서 떠나야
아직도 부보 곁에 매달려서
어릿광대 되어 있다

갈대는 하얗게 지쳐 있다

초겨울 지나가는 바람이 옷깃을 여미게 하고
동쪽 하늘에 별 하나 서쪽으로 가고 있다

슬렁거리며 흐르던 강이 얼어 있다
얼음 조석들이 가로등 불빛 따라 날고 있다

봄은 아직도 멀리 있는데
가을부터 나뭇잎 훌훌 벗고 서 있는 나무
봄을 기다리는 마음도 있다

자화상

개울 따라 올라가면 하남시 검단 산자락
마른 솔잎 덮고 겨울 보낸 삽주싹들이
마파람에 깨어나고 있다
뾰족이 나와 햇빛을 바라보고
뇌에 머물고 있는 먼 기억을 쫓아내려고
소나무 기운을 받으러 올라와서
발길을 멈추고 너를 꺾어야 하는
마음이 아프다
어느새 꺾어 손에 들고 있구나
산 아래 초가집 한약방이 있다
내일은 그 마을로 처방전 받으러 가는 날
흰머리 상투를 틀어 올린 노인은
찾아온 환자 진맥을 잡아보고
사람을 부르는 방법으로
미닫이문을 열었다 쾅 닫아버린다
단발머리 소녀가 총알처럼 문을 열고 들어서는데
코끝이 빨갛다
날카로운 눈초리는 처방 지시를 하고 있다

검단산에서 내려오는 정기를 받아
탕기에 약을 달이고
대접에 따라 마시고
약사발을 들고 돌아서서 피식피식 웃던
기억을 떠올리며 자화상을 본다

잠깐만요

영원이란 친구가 그림자처럼
곁에 있음으로
외롭지 않습니다

먼 하늘을 바라보고 있으면
시야가 밝아지는 것을 느끼죠
그리움이란 기다림입니다

때로는 어긋나는 인연을 만나서
긴장해야 하는 외로움을 피해 가겠죠

저 나뭇잎도 비좁은 곳에서
파닥거리는 것이
싫어서 나무 중간에 혼자서
나왔겠죠

소중한 길동무가 찾아오면
손잡고 가겠습니다

지리산 숲에서

여행하던 객이 지리산 정자에 여장을 풀고
마룻바닥에 지친 몸 쉬려는데
소나무 가지 사이에 흰구름이 걸쳐 있다
한 마리 새가 홀로 울어
가냘픈 소리가 잠들지 못하게 한다
총격전으로 지리산 계곡에 핏빛 물이 흐를 때
영혼 한 점이 남아 새가 되었나
겹겹이 주름진 푸른 숲속에
산새는 저리 혼자 울고 있다
산 아래에는 들리지 않는다
흐르는 맑은 물소리에 소리를 얹어보려
몸을 일으켜 내려다보고
찾아보았지만
작은 새는 어느 산자락에서 우는지
보이지 않고
나무 밑으로 소슬바람만 지나간다

장마

더위가 대지를 달구는 폭염에
수증기 오르고
태풍이 바람을 몰고 와 빗줄기
퍼부어대고
나무들이 힘없이 쓰러져 뿌리 채
황토폭포 되어 쏟아지고
산 하나가 간 곳이 없다
바다에서는 너울파도가
한 쪽의 물 한 폭을 열어 육지에
날아 오른다
참외 씨 수박 군 복숭아 양
땅에 떨어져 구르고
대지를 할퀴고 간 상처
수마는 마다 않고 싣고 간다
한강으로 달려가서 강물 뒤집어 놓고서야
멈추었다
이 또한 정수하지 않으면
백성들은 물을 식수로 사용할 수 없다

비를 몰고 올 때는 번개치고 천둥소리에
순응하지 않을 생명들이 없을 것이다
대를 위해 소가 희생해야 하는 법칙이
여기에도 있는 것인가

장끼의 아내

봉수대로 아래 갈대들이 살고 있다
장끼 한 마리가 푸른 숲에
날아와 아침 이슬을 밟고 서있다
화려한 예복으로 차려입고
연미색 부리에 빨간 관자를 드러내고
고개 치켜들고 꿩꿩 꿩꿩
까투리를 부른다
붉은 콩 한 알 주어먹고 이승을 달리하고
이제 와서 어쩌란 말인가
당신을 떠나보내고 까투리는
뭍 새들에게 시달리며
목을 길게 빼어 하늘을 바라보며
삐욕삐욕 한두 날 당신을 불렀을까
다른 장끼와 보금자리를 차렸다네
말없이 흐르는 실개천에 높새바람이 지나간다

찬서리 내리던 날

나뭇가지 끝이 시린 겨울
시를 안고 찾아온 그대
문 두드리는 소리에
밖에 누가 왔어요?
인기척을 내보지만 가랑잎만 바람에 버석거립니다
잊으려면 찾아와서 심장을 두드리는 당신
오늘밤 찾아와서
나를 부를 것 같은 기다림이 있습니다

쪽대문 밖 분꽃

해마다 여름이면 뒤란 쪽대문 밖에
분꽃이 핀다
분홍색으로 핀 꽃들이
얼굴을 비비고 향기를 품어낸다

할머니는 옹기를 들어다 주시며
보리쌀 씻어라 저녁밥 지어라

아이는 옷소매를 걷어 부치고
수돗가 옆에서 엉덩이를 들썩이며
보리쌀을 씻어서 솥에 붓고
보리짚을 아궁이에 밀어 넣고
불을 피웠다

보리짚 타는 냄새에 고추잠자리들이
마당 위를 날고

할아버지 밥상에는 생선 반찬이 있다

계란찜도 있는데
할아버지 시선은 새우젓국 물이 적다고
역정을 내고 있다

할머니는 밖으로 나가시고
동그란 밥상에 둘러앉은 식구들은
할아버지 밥상에 생선 반찬으로 자꾸만 곁눈질 한다

청라 호숫가

심곡천深谷川 서식지를 떠난
청둥오리들
청라호수에 터 잡았다

소나무 아래 발가락
쫙 펴고 둥그러져 있다

아기오리 두 마리 넓은 호수에서
잠수하고 물장구치며
깔깔깔 자지러지고

오리 부부는 호수를 바라보며
넓죽한 주둥이를 내둘리고 있다

체력단련 시키려는 마스크맨들이
두 주먹을 불끈 쥐고 강변을 걸어가는데

갈대숲에 놀던 잉어들
사람 그림자 따라가다 돌아선다

칠선녀의 성화제

개천절이면 단군 할아버지에게 제를 올리던
참성단塹星壇
전국체전 대회 열리는 날 선수들은 힘을 겨룬다
칠선녀 성화체 점화하는 날
단군 할아버지 성화불 가지러 간다
하얀 치마폭 하늘하늘 구름에 휘감겨 흐른다
깃털 부채는 바람을 잡고 날갯짓 하며
칠선녀 하늘로 날아오르고
단군 할아버지는
마니산 푸른산 첩첩산하
청동화로 향불이 타고 있다
풍수에 유난히 氣가 흐른다는
마니산摩尼山
각 시대에 걸친 유적 유물들이 산재해 있는
강화도
마리산摩利山 일백오십육 봉이 지켜보는 명산

풍경소리 울리는 절간에

목탁 두드리는 스님의 불경소리 경내를 휘감고
사찰 뒷동산 나무에 떼 지어 앉아서 회의하던 참새들
신도들이 합창하는 염불소리 따라
법당으로 날아든다

나무 그늘에 매미들이 아우성이다

새들은 당차게 신도들 머리 위로
짧은 날개를 호록거리며 날아들어
쌀을 물고 간다

목탁소리 불경소리 익숙하다
바람이 지날 때마다
사찰 처마 끝 풍경이 매달린
붕어가 몸부림쳐도
풍경소리 익숙하다

부처님 무릎에 앉아서

손바닥에 앉아서 주둥이를 닦고
입에 쌀 가득 물고서 좌우를 살피고 날아간다
쌀을 물고 가는 참새들 곳간은 어디에 있을까
부처님은 빙긋이 웃고만 있다

겨울나기

하늬바람 불어오면 겨울이 온다는 것을 모르고 있었나보다
아파트 숲 정원목들
겨울나기를 하고 있다

아기단풍 마른 잎 그대로 입고
실바람에 으스스 떨며
시린 손 주먹만 쥐고

남촌은 빨갛게 얼어서 양지쪽에 주저앉아
햇살을 받고

물 빠진 연못에 부들 두 송이는 얼굴 맞대고
추위를 버티고 있다

관직이 싫어서 고향으로 돌아가며
귀거래사를 지은 도연명은
집 주위에 버드나무를 심어놓고
류 씨라 부르기도 했다는데

한여름을 연못에서 머리감던 능수버들은
난을 치고 있다

소나무는 초연히 서있는 단별신사
잎은 검정 철색이 되고

이팝나무 가지들이 휘파람을 불며 서있다

함께 하던 친구들아

들쥐 같은 습성으로 한 곳을 향해 뛰어가던
꿀벌처럼 모여서 정을 나누던
예기치 않은 재앙으로 멈추고 있다
세계가 법석인다
갈 곳을 잃었다
생각이 멈추었다
할 일 없이 바보상자에 눈을 매달았지만
생각은 외출 중이다
지나간 시간들 불러보았지만 돌아오지 않는다
갇혀서 견디기조차 어렵다
어제도 오늘도 그렇게 보내고 있다
창문을 두드리는 바람아
내 생각을 흔들지 마라
깨어있어야 하는 두뇌 싸움도 버겁다

코로나19

지구를 오염시키고 자만에 빠진
인간들에게 재앙이 찾아왔다
감각기관을 마비시키고 잠들게 하는
바이러스
인류가 갈팡질팡하고
불 꺼진 상가들 문이 굳게 잠겨 있다

골목에는 바람만 드나들고
휴지조각들이 날고 있다
지폐가 날아간다

봄을 즐기는 불청객
검은나비 흰나비 입에 물고 무표정의 사람들
방구석 틀어박혀 창문 틈새로 빼꼼 내다보고
사람들 소리를 듣는다
생각을 듣는다
검은 도시에 바람이 지나간다
인문사회는 많은 변화를 준비 중이다

고택 여행

추적추적 청산에 비가 내린다
두견새 울며 밤을 새고
산새들 잠들지 못하게 한다

내리는 빗소리 들으며
꿈결에 눈을 붙이고
일어난 발길

여닫이문을 열고 누마루에 나가서니
처마 밑에서 떨어지는
낙수가 댓돌 위 부딪혀
바닥에 구르고

폴짝 새들은 날아와서 고택 주인에게 인사한다
나뭇가지에 모여 앉아 노래한다
꾀꼬리 아침부터 훈장 되었네

빗방울 소리 밤새 마음 적시고

고택은 아침을 열고 있다
하룻밤 쉬어가는 객들은 하나둘 떠난다

꿈에서 온 듯한 아침이었다

공동묘지

깨달으려면 소유를 갈망하지 마라
부처의 설법에 귀 기울였던
존재의 삶이었더냐

땅 한 평 장만해 놓지 못하고
떠나면서
허물어진 집을 이름 없는 터에
벗어버리고 간다네

저 멀리서 굽어보던
고려산
영혼을 얼른 집어다 꽃밭에 심었다네

죽어서야 안식처를 얻은 영혼은
긴 잠 속으로 여행을 떠났다네

두견새 밤새도록 토해낸
검붉은 피

두견화는 온 산을 덮어버리고

고려산 기운을 따라가는
인적 드문 공동묘지에는
씨앗들이 날아가다 머물러서
공동 터에 연두 잎이 휘덮고
할미는 꽃이 되어 군락지를 이루고 있다네

혈구산과 고려산

고려의 정기를 품은 산 용혈의 근원
국운이 기울 때면 용트림 하는 산
혈구산 오르면
가슴이 벅차오르는 기운을 느낀다고 한다

고려산 넓은 터전에 많은 식물들이 나고 자라서
약초가 많은 산
연개소문이 태어나서 산을 쩌렁쩌렁 울리며
다녔다네
다시는 장수가 나오지 못하게
혈자리에 쇳물을 끓여 부었다는
산 정상에 움푹 파인 그 자리
응어리 같은 아픔이 서려있다네
연개소문은 시루미산에서 출생했다
물속에서 불끈 튀어 나왔다는 전설이 있다
산속에 있는 오련지 연꽃이 피면 얼마나 찬란한지
천축이란 스님이 꽃을 꺾어 공중에 뿌리니

떨어진 곳에 백, 청, 홍, 황, 흑련사라는 절을 세웠다는
전설적 이름을 달고 있다
오래된 고찰 백련사 청련사가 남아있다

해 뜨는 강변

어둠이 서서히 걷히고
동쪽 하늘
태양이 산봉우리로 솟아오르고
조각구름들은 홍조를 띄운다
빛은 온누리에 퍼지고
강에서는 다홍색 진주들이 일렁인다
갈대밭 악사들은 밤새워
음악을 풀고
풀들이 이슬 받아 얼굴을 씻는다
주변에 아카시아 꽃 타래
주렁주렁 늘어져 향기를 품는다

가을이 지나가는 자리

가을걷이 끝나는 빈들에
몇 개의 이삭들이 뒹굴고 있다

북쪽에서 가을새들이
파란 하늘을 가르며 날아와서
앉을 자리를 찾아 원을 그리며
날고 있다

길가에서 피던 가을꽃들이
으스으스 추워 보인다

까마중

감자꽃 닮은 까마중꽃
조그맣게 피어
꽃이 지고 있네

파랗게 달리는 열매
줄기 이파리는
부분적 보라색이다

닮아가는 열매 흑진주
묶어 허리춤에 매달았다

잎 그늘에서 기다리는 마음

책가방 둘러메고 뛰어오는
아이들 휘둥그레졌다

나무의 까마중들
아이들 입속으로 꿀꺽

넘어갔다

터널 같은 입 뜨억 벌리고
두 주먹으로 털어 넣고
아이들은 뛰어간다

|해설|

달빛 부서져 내리는 하얀 밤

—김을순의 시세계

김영덕 | 문학평론가

한 번뿐인 인생이다. 그 소중한 시간을 내가 원하는 때와 장소에서, 내가 정말 원하는 사람과 단둘이서 함께 보낼 수 있다면 얼마나 좋을까. 그럴 수 있다면 나는, 아니 호모 하빌리스homo habilis라는 인류는 자신들을 옥죄었던 운명이라는 굴레에서 벗어나 광대무변의 우주를 무대로 스스로의 생애를 마음껏 설계할 수 있으리라. 실제로 수많은 예술작품들이 그 꿈의 파라다이스를 구현하기도 했다.

멀리서 찾으러 애쓸 필요도 없다. 요즘 이른바 레트로 트롯 가요 열풍이 분다고 하지만, 60년대 가수 최정자는 〈초가삼간〉이라는 노래를 불러 큰 인기를 얻었다. 절창이다. 노랫말의 화자는 티 없이 맑고 단아한 목소리로 "실버들 늘어진

언덕 위에 집을 짓고/정든 님과 둘이 살짝 살아가는…, 시냇물 흐르면 님의 옷을 빨아 널고/나물 캐어 밥을 짓는…, 밤이 되면 오순도순 호롱불 밝혀 놓고/살아온 내 고향 초가삼간"에서의 삶을 파라다이스라고 노래했다. 그 당시 애청자들도 그렇게 믿어 의심치 않았다.

돌이켜 보면, 이 땅의 60년대 중후반은 프랑스의 〈벨 에포크〉만큼은 아닐 지라도 전쟁의 상처가 시나브로 아물고 지독한 가난에서도 어느 정도 해방된 데다가 산업화에 따른 부작용도 본격적으로 나타나지 않았던 시기였다. 게다가 전통사회도 아직 해체되지 않고 온존하여 소박한 낭만이 흐르던 시대이기도 했다. 사실 김을순 시인의 많은 서정시들의 배경도 이 시기에 집중된다.

비옥한 초승달 지대의 설화 속 에덴동산이나 고대 중국의 신화 속 삼황오제 시대는 물론, 서구사회의 영원한 로망인 〈벨 에포크Belle epoque〉도 인류가 그토록 꿈꾸던 유토피아 중 하나다. 벨 에포크는 프랑스어로 '아름다운 시절'이다. 19세기 말에서 1차 세계대전 직전까지의 평화롭고 낭만적이며 풍요로웠던 파리의 풍경을 가리키는 말이다. 인상주의 시대가 화려하게 꽃을 피웠던 시기이기도 하다.

르네상스 이후 예술작품들이 구현하고자 했던 것은 사실 눈앞에 펼쳐진 세계의 재현이었다. 눈에 보이는 아름다운 이 세상을 캔버스에 구현하고 조각을 하고 작곡을 하며 문

자의 조합인 글로 묘사하는 것이다. "예술은 자연의 모방"이라고 한 세네카의 말이 이루어진 것뿐일 수도 있다. 우디 앨런Woody Allen의 영화 『미드나잇 인 파리』에서의 자유분방한 시간여행도 사람들의 로망을 일깨웠다.

김을순 시인의 시들은 삶 속에서 유토피아를 지향한다. 유토피아를 제대로 드러내기 위하여 시인은 디스토피아도 기꺼이 소환했다. 시인의 이번 시집은 모두 4부로 구성되었다. 독자들은 각 챕터에서 스무 편 남짓 조촐하고 아름다운 시들을 만날 수 있다. 시인의 시 세계를 계열로 구분해 보면,

첫째, 삶의 여정journey에서의 깨달음에 관한 시들이다. '너 늙어 봤냐, 나는 젊어 봤단다' 유행가 가사처럼 삶의 생로병사 순환의 이치나 세월의 무게를 경험해 보지 않은 자, 함부로 인생을 논하지 말 일이다. 시인은 「실종된 기억」에서 '늘씬한 키 단발머리 까만 눈동자/옥수수 알처럼 박힌/치아를 드러내고 웃던 모습/어디에 두고 오셨습니까'라며 슬퍼했다. 「공동묘지」, 「눈도 마음의 창」, 「용서해라 풀린다」, 「아직도 자리를 못 찾고」, 「질투는 자기 발등을 찧는다」 같은 시가 이 범주에 속한다.

둘째, '밤이면/달빛이 부서져 내리는 하얀 밤'처럼 고즈넉하고 목가적이며 몽환적인 자연의 아름다움을 노래한 서정적인 시들이다. 시인은 눈이 내려 온통 새하얀 겨울밤의 풍경을 달빛이 부서져내려 흰 눈으로 쌓였다고 표현했다. '청

각의 시각화, 시각의 청각화, 시각의 촉각화 등 하나의 감각이 동시에 다른 영역의 감각을 불러일으킴으로써 일어나는 심상'이라는 교과서적 공감각적 심상의 발현이다. 「해 뜨는 강변」, 「가을물 넘실거리네」, 「가을이 설렁거고」, 「강변에 피는 설화」, 「나뭇잎 날고」 같은 작품들이 이 계열이다.

셋째, 고향과 인연, 그리움에 관한 시들이다. 「쪽대문 밖 분꽃」, 「마음이 고향에 가다」, 「담쟁이」와 「뜸부기」, 「관곡지」가 대표적이다.

넷째, 아득한 청춘의 가슴 설레던 시간에 관한 시들이다. 「박꽃 피는 밤」, 「첫사랑」같은 시들이라고 할 수 있다.

다섯째, 한국적 현실이라고 할 수 있는 시인의 가족사와 관련이 있는 소재들이다. 남북분단에 따른 이산가족의 아픔을 그린 시들이다. 「압록강」, 「백두산」, 「이산가족」 등의 시들이 이 범주에 들어간다.

땅 한 평 장만해 놓지 못하고
떠나면서
허물어진 집을 이름 없는 터에
벗어버리고 간다네

저 멀리서 굽어보던
고려산
영혼을 얼른 집어다가 꽃밭에 심었다네

죽어서야 안식처를 얻은 영혼은
긴 잠 속으로 여행을 떠났다네

-「공동묘지」 부분

시인은 '죽어서야 안식을 얻은 영혼'을 '긴 잠속으로 여행을 떠'난 나그네라고 했다. 그래서 이 시는 긴 잠 속으로 여행을 떠난 투어리스트들에 관한 이야기다. 여행자들은 지구라는 이 행성에 '땅 한 평 장만해 놓지 못하고 '허물어진 집을 이름 없는 터에/벗어버리고 간다'. 『코스모스』 저자 칼 세이건은 이 작은 행성을 「창백한 푸른점Pale Blue Dot」이라고 이름을 붙인 적이 있다. 공동묘지가 우주여객선이라면 개별 무덤들은 그 안에 촘촘히 박힌 동면 캡슐들이다. 시를 읽으면서 자연스레 영화 『패신저스, 2016』가 떠올랐다.

영화는 지구를 빼닮은 행성 〈홈스테드 · 2〉를 향하여 5천명의 승객과 258명이 승무원을 태운 우주여객선 〈아발론〉이 지구를 떠난다는 플롯으로 시작한다. 탑승한 5258명은 모두 동면캡슐hibernation pods 안에 잠들어 있는 상태다. 여행시간은 무려 120년이다. 동면캡슐은 부활을 꿈꾸는 사람들이 잠들어 있는 공산이라는 점에서 무덤과 크게 다를 것도 없다.

그 영화에서 남자 주인공인 짐Jim(크리스 프랫)은 우주선의 결함으로 출발 30년만에 예정된 시간보다 90년이나 일찍 동면에서 깨어난다. 우주선에 혈혈단신 혼자 깨어있는 인간이 된 것이다. 다시 동면상태로 돌아가려 했지만 실패했다. 동면에서 깨어난다는 것은 자신의 생체시계가 다시 작동된다는 것이다. 생로병사의 과정으로 다시 편입된다는 뜻이기도 하다. 1년이라는 시간 동안 삶의 의미를 잃고 외로움에 지쳐 스스로 목숨을 끊을 궁리까지 하며 방황하던 그는 역시 동면 중이던 여자 주인공 오로라Aurora(제니퍼 로렌스)에게 반하면서 완벽한 이상형인 그녀를 깨운다.

짐은 사실 〈아발론〉에 홀로 남아 〈홈스테드 · 2〉에 도착하기도 전에 종식될 것이 분명한 자신의 생애를 오직 로봇 바텐더인 아서Arthur만을 말벗 삼아 외롭게 살다가 죽을 것인지, 아니면 무고한 누군가를 깨워 자신의 불운에 동참시킬 것인지 고민했다. 그러나 우주선 속의 누군가를 깨운다는 것은 그의 계획된 삶을 임의로 빼앗는 것이나 다름없다.

작가인 오로라는 사실 〈홈스테드 · 2〉에서 1년을 체류하고 그 특별한 경험을 바탕으로 지구로 돌아와 자신만의 책을 쓸 예정이었다. 그녀의 입장에서는 짐이 무고한 자신을 중간에 깨움으로써 그녀의 인생 계획이 송두리째 사라져버린 결과가 된 것이다. 악몽이었을 것이다. 우주선에서 자신의 여생을 마감해야 한다는 현실에 절망한 오로라는 다시 동면에 들어가려고 시도하지만 역시 실패한다. 마침내 현실을 받아드린 그녀는 작가이자 저널리스트답게 그녀의 경험에 관한 글을 쓰기 시작한다. 이후 영화는 남녀 주인공의

갈등과 우주여행의 난관들을 함께 극복해 나가며 사랑을 키워가는 과정들로 채워진다.

영화 『패신저스, 2016』을 보다 잘 이해하려면 미국역사에 대한 약간의 배경 지식이 필요하다. 에이브러햄 링컨이 미국 대통령이던 1862년 이른바 '홈스테드법Homestead Act'이 제정되었다. 당시 중서부 개척이 필요했던 미국 정부가 개척 입주자에게 가족 당 자작농장 160에이커(19만 6천 평)를 무상으로 준다는 법이다. 당시 미국 이민자들뿐 아니라, 유럽인들에게까지도 큰 혜택을 주었던 법이다. 이에 관한 영화도 많다. 가난한 아일랜드 출신 고아 청년이 단기필마로 앞장서 달려가 시냇가의 기름진 땅을 차지한 후 그 터전을 사랑하는 여자의 가족에게 선물하는 장면 같은 게 있었다. 요컨대, 신대륙이었던 아메리카라는 삶의 터전이 과거 〈홈스테드 · 1〉이었던 셈이다.

〈아발론〉호의 착륙을 준비하기 위하여 88년 후에 예정대로 깨어난 우주선의 승무원들은 중앙홀concourse 한 쪽 공간에서 기품 있는 아름드리 거목과 사방으로 뻗어나가는 울창한 나뭇가지들과 줄기 식물, 초목, 날아다니는 새들과 대형 수족관, 그리고 소박하지만 정겨운 오두막집 한 채가 비옥한 터전에 서 있는 낙원을 발견한다. 그때 어딘가에서 여주인공 오로라의 목소리(voice-over)가 들린다. 그들이 잠들어 있는 동안 우주여객선 〈아발론〉에서 오로라가 짐과 평생을 함께 했던 멋진 삶에 대한 이야기다. "우리는 우주여행의

미아 같은 존재였지만, 서로를 만나 함께 만들어 가는 새롭고 멋진 삶을 찾았어요.(We got lost along the way. But we found each other. And we made a life. A beautiful life. Together.)"

오로라와 짐의 삶과 그들의 현실적 생애life span는 이미 지나갔다. 그러나 120년간의 동면에서 예정대로 깨어나 〈홈스테드 · 2〉에 착륙하여 미래의 삶을 이어갈 5천명의 개척자들의 생애와 먼저 깨어나 '서로를 만나 함께 새로운 삶을 찾'았던 짐과 오로라의 생애를 비교한다면 어느 쪽이 더 행복하다고 할 수 있을까?

이미 죽어서 고려산 아래 공동묘지에 안식처를 얻은 영혼들을 깨워 같은 질문을 던져 보면, 살아생전 스스로 원하는 때와 장소에서 원하는 사람과 함께할 수 있어서 그 누구보다도 행복했다며 그 무엇과도 바꾸고 싶지 않다고 답하는 이들도 적지 않을 것이다. 김을순 시인의 이 시는 '죽어서야 안식처를 얻은 영혼'들에게 정성스레 바치는 헌정이다.

한 번뿐인 인생이다.

아스라이 보이는 심산유곡
시선은 저 나무 끝으로 날아간다
정족산 젖가슴 무덤에서 맑은 물 샘 흐르고
흘러 흘러서 자연 속으로 풀어 내린다
산수유나무에 앉아서 먹이를 찾는
직박구리

아직은 빛바랜 풀숲에서
진달래기 빼꼼히 내다보며 웃는다
두더지가 밭을 갈면 땅은 불끈불끈 솟는다
개구리가 뛰어나와 기지개를 켜고
겨울을 턴다
누런 잎 한 조각 덮고 추위를 보낸 봄동
파릇이 나와서 자리 펴고
냉이들은
바닥에 납작 엎드려서
겨울을 보냈다
벚꽃 나무 사이로 보이는 황새 한 마리
다리 하나 들고
나무서기를 하고 있는 저 들판에 봄이 오고 있다

–「봄빛, 꽃빛」 전문

춘삼월 지붕 없는 박물관, 강화도 자연의 사생寫生이다. 향토색 짙은 서정시의 교과서적인 예라고 할 수 있다. 시인은 '저 들판에 봄이 오고 있다'는 소식을 전하기 위하여 정족산 젖가슴 무덤, 맑은 물 샘, 산수유, 직박구리, 진달래, 두더지, 개구리, 봄동, 냉이, 벚꽃, 그리고 황새 같은 어휘를 동원했다. 하나같이 토속적이어서 정겨운 가치중립적 낱말들이다. 특히 '두더지가 밭을 갈면 땅은 불끈불끈 솟는다/개구리가 뛰어나와 기지개를 켜고/겨울을 턴다'는 표현은 보기 드물게 감각적이다.

찔레 둥지 밑에 겨울잠 자면
달래는 파란색으로
머리 풀고

찔레는 우뚝 올라와서 잎을 펴는 따뜻한 봄이 왔네

작은 꽃잎들 둥지에
리본 달고 있어
잎들은 초가지붕 이엉 얹었네

볏논에 봄물결 주름지는
눈두렁에서 속삭인다

-「찔레야 달래야」 부분

이 땅의 전통사회 농촌의 풍경을 담담하고 자연스럽게 그렸다. 농촌의 산길 양지쪽이나 물가에서 아무렇지도 않게 피는 흔한 들꽃인 찔레와 서늘한 기후를 좋아해서 반그늘에서도 잘 자라는 달래의 아름다운 공생이 흐뭇하다. 찔레가 우뚝 촘촘히 둥글게 자란 모습을 초가지붕에 이엉을 얹었다고 한 비유나 '볏논에 봄 물결 주름지는' 같은 묘사가 압권이다. 못자리한 모판에서 못짐을 떼어다가 모내기한지 얼마 되지 않아 하늬바람에 찰랑거리는 논의 모습을 세밀하게 잘 잡아냈다. 온갖 생활소음에서 자유로웠던, 해 긴 봄날의 고요하고 다소 권태롭기까지 했던 옛 농촌마을의 정경을

이보다 더 잘 그릴 수는 없을 것이다.

「쪽대문 밖 분꽃」이나 「할머니」 같은 시들에서는 어린 손녀가 견자見者가 되거나, 또는 무대 위의 배역에 직접 참여하면서 스토리텔링을 하는 형식이다. 전통사회 가족제도 안에서 조부모의 위상과 일상이 잘 드러나 있다.

과거 농촌에서 농부들은 모내기를 하고 나서도 자식이나 다름없는 어린 벼들이 잘 자라고 있는지 살펴보기 위하여 하루에도 몇 번씩 물꼬irrigation gate를 보러 들판으로 나갔다. 물꼬를 보러 집을 나서는 할아버지를 어린 손자가 따라 나서기도 했다. 손자의 눈에 비치는 할아버지는 집안의 최고 어른이자, 인자한 훈육관이며 세상사 모든 이치에 통달한 만물박사know all the answers였다. 살아온 날보다 살아갈 날이 훨씬 짧은 조부와 살아온 날보다 살아갈 날이 훨씬 긴 손자의 각별한 조우이자 애틋한 교감의 시간이었다. 이런 맥락에서 김을순 시인의 시 「할머니」도 조손祖孫 사이의 애틋한 관계에 관한 서사다.

중추절 지나고 아직도 어스름한
새벽길
참새들은 벌써 일어나서
포록포록 닐고 있다

잔잔한 파도가 일고 있는 하늘에
새벽달이 서쪽으로 가다

아파트 귀퉁이에 걸려 있다

강변 기슭에서는
갈잎향 콧속으로 스치며
가을꽃들이 피고 있다

들풀잎 사이에 핀 달맞이꽃
달님과 밤새워 사랑을 나누고
꽃잎을 접는다

뿡뿡뿡 날짐승 새벽하늘 날아가는 소리
귀에 걸고 집으로 돌아가야지

–「가을이 설렁거리고」 전문

이 시는 행을 지나면서 청각, 시각, 후각, 시각, 촉각, 청각의 공감각적 심상이 수없이 교차한다. 형용사의 잔치이기도 하다. 가을 새벽의 어스름 속에서도 풍요로운 가을의 정취를 경쾌하게 노래했다. 새벽길의 참새와 아파트 귀퉁이에 걸려있는 새벽달, 강기슭의 가을꽃, 달님과 밤새워 사랑을 나누는 달맞이꽃은 시인이 언젠가 영화 속 우주선 〈아발론〉에 승객으로 선발된다면 행낭에 넣어 가지고 갈 소중한 오브제들임에 틀림없다.

보름달 둥실 떠 있는 초저녁 밤
초가지붕 위에서는

박들이 잉태를 한다
목을 쭈욱 내밀고 호흡하는 하얀꽃
떡풍뎅이 날갯짓에 박꽃은 고개를 젓는다

나를 지켜주세요
사랑이 여물지 않았어도
따사로운 빛이 있다면 찾아오겠지

떡풍뎅이 파륵 파르륵 날아가는 바람에
텃밭 이랑 사이 옥수숫대 꽃술에 매달린
풍뎅이들 뒤엉킨다

마당에 멍석 펴고 모여든
소녀 머슴아들
까륵까륵 숨넘어가는 밤
별똥별 긴 꼬리로 한 획을 긋는다

–「박꽃 피는 밤」 전문

공감백배, 아련한 기억 속 시골마을 초저녁 풍경이다. 한낮 투명한 화살처럼 대지에 무수히 내리꽂히던 햇살이 잠시 물러나도 무더위가 마을을 점령하고 있는 한여름 밤이면 집집마다 마당에 멍석이나 밀거적을 깔고 마른 쑥으로 모깃불을 피웠다. 향긋하면서도 매캐한 모깃불 냄새가 포실한 시골마을을 뒤덮었다.

교교皎皎한 보름달 아래, 초가지붕 위에서는 박들이 은밀하게 잉태를 하고, 텃밭 옥수수대 꽃술에서는 떡풍뎅이들이 뒤엉킨다. 짝을 찾느라 분주하다. 르노아르의 그림 속 풍경처럼 원초적이고 농염하다. 사실 살아있는 모든 존재의 궁극적 존재이유는 짝짓기와 그 과정을 통한 유전자 남기기다.

시인은 자칫 통속적 에로티시즘으로 빠질 수도 있는 플롯에 적절한 긴장을 집어넣고 그것을 끝까지 유지해나감으로써 이 과정을 숭고한 지평으로 올려놓았다. 마당 멍석 위에 소녀들이 모여들면 동네 사내아이들도 슬며시 끼어들기 마련이었다. 그 마당 데이트에서 평생 인연이 생기기도 했다. 별 것 아닌 얘기에도 까르륵 숨넘어가던 그 소녀들은 지금 어디서 살고 있을까?

소금창고 있어 염창동이라 이름을
달고 살았다
개발이 되기 시작하고
저녁이면 달맞이꽃이 피던 동산이 무너진다
산은 반허리 잘려나갔다
아파트단지 들어서며 인간꽃들이 피고
남은 산자락에서는 달맞이꽃이 피고 있다

썰물에 떠나간 그대는 어디에
무엇을 하고 있을까요

그대는 미루나무 사이 바람과 함께
한강을 건너갔지요
떠나보낸 마음이 아쉬움에
흐르던 눈물이 샛강이 되었어요
그대는 내 말을 듣고 있나요
미루나무 되어 여기에 있나요
나무가 되어 우두커니 서 있습니다.

-「첫사랑」 전문

경제개발 5개년계획이 실행되며 나라의 살림살이가 늘어나고 항공수송 수요도 증가했다. 여의도비행장으로는 그 수요를 감당할 수 없게 되자, 김포평야를 매립하여 공항을 만들었다. 비행기가 뜨고 내리기 시작하던 6,70년대 지금의 서울 변두리 강서구는 그야말로 미국의 서부 개척시대 같았다. 자고 나면 인근 지역 논밭이 택지로 바뀌었다. 그래도 택지가 부족해지자 '저녁이면 달맞이꽃이 피던 동산이 무너'지고, '산은 반허리 잘려나갔다'.

그런데 토목공사를 마치고 택지가 형성되면 주택과 상가들이 들어서기 전, 포장마차들이 먼저 들어왔다. 일자리를 찾아 젊은이들이 모여들고 목로주점 카바이트 불빛 아래 밤이면 현장 노동자들의 술판이 벌어졌다. 도시화와 익명성은 동전의 양면이다. 정착할 터전이 아니어서 사람들은 내일 일을 장담할 수 없었다.

오가며 만난 인연들은 부산 피난시절 국제시장에서처럼 아차하면 그냥 소식이 끊어지기 일쑤였다. 휴대전화는 물론, 집전화도 흔치 않았던 시절이었다. 전화는 관공서에나 있는 줄 알았다. 이 시의 화자도 첫사랑이 '미루나무 사이 바람과 함께 한강을 건너갔'다는 소식을 그렇게 풍문으로 들었나보다.

> 크지도 않은 작은 땅/주변 국가들이 남북으로 갈라놓았다/만나지 못하는 부모형제들//기다림 속에 유명을 달리 못한다/원정각에서 기다리는 마음/청년이 아닌 노신사가 들어왔다/가슴에 단 명찰/이름만 익숙하다//손을 잡고 서 있는 사람들/오빠에게 앉으라고 권유했다/둘쨋날은 금강산 호텔에서 만났다/선물 교환도 하고//점심식사 자리에서 서로 절도 하고/반달 노래 부르던 사람들/응어리를 풀기 위해서인가
>
> -「이산가족」 전문

이산가족의 아픔이 녹아있는 시다. 혈육이 갈라진 고통은 겪어본 사람만이 안다. '청년이 아닌 노신사가 들어왔다/가슴에 단 명찰/이름만 익숙하다'. 세월이 한 가정의 희망이며 미래였던 장남이자 장손을 노인으로 만들었다. 이 노릇을 어쩌면 좋다는 말인가. 망연자실이다.

국토가 분단되어 70년이 넘었지만, 21세기 대명천지에 아직도 이산가족 문제가 풀리지 않고 현재진행형이라는 사실이 기막히다. 할 말이 없다.